BEI GRIN MACHT SICH IHR WISSEN BEZAHLT

AF145595

- Wir veröffentlichen Ihre Hausarbeit,
  Bachelor- und Masterarbeit

- Ihr eigenes eBook und Buch -
  weltweit in allen wichtigen Shops

- Verdienen Sie an jedem Verkauf

Jetzt bei www.GRIN.com hochladen und kostenlos publizieren

Bibliografische Information der Deutschen Nationalbibliothek:

Die Deutsche Bibliothek verzeichnet diese Publikation in der Deutschen National-
bibliografie; detaillierte bibliografische Daten sind im Internet über http://dnb.d-
nb.de/ abrufbar.

Impressum:

Copyright © 2018 GRIN Verlag
Druck und Bindung: Books on Demand GmbH, Norderstedt Germany
ISBN: 9783668643765

Dieses Buch bei GRIN:

https://www.grin.com/document/388788

Chris K.

Neue Deutsche Literaturgeschichte. Eine Zusammenfassung nach P. J. Brenner in Stichpunkten

GRIN Verlag

GRIN - Your knowledge has value

Der GRIN Verlag publiziert seit 1998 wissenschaftliche Arbeiten von Studenten, Hochschullehrern und anderen Akademikern als eBook und gedrucktes Buch. Die Verlagswebsite www.grin.com ist die ideale Plattform zur Veröffentlichung von Hausarbeiten, Abschlussarbeiten, wissenschaftlichen Aufsätzen, Dissertationen und Fachbüchern.

Besuchen Sie uns im Internet:

http://www.grin.com/

http://www.facebook.com/grincom

http://www.twitter.com/grin_com

Neue Deutsche Literaturgeschichte – eine Zusammenfassung

Die Reihenfolge der Epochen und Literaten nach P.J. Brenner

Inhalt

Barock

Autoren
Martin Opitz, Johann Rist, Rudolf Weckerlin, Andreas Gryphius, Daniel Casper von Lohenstein, Hans Jakob Chritstoffel von Grimmelshausen, Petrarca, Hoffman Rheingau

Charakteristika
Drang zur Reglementierung

17. Jhd.: Sprachgesellschaften (Volkssprache, Fremdwörter)

Begriff Konstanzia

Petrarkismus, Mann himmelt Frau an

Literarische Mystik, Religion hat großen Einfluss

Im aufgehenden 17 Jhd. gibt es neben Mystik noch eine andere Gegenbewegung gegen den damaligen Protestantismus. Der Wirkungsmächtigste ist der Pietismus.

Prudentia ist ein Ideal der Barockzeit. Politische Klugheit, die dem Schüler als Instrument zur Selbstbehauptung im Leben dient.

Schultheater, Jesuitentheater

Werke
Martin Opitz: „Buch von der deutschen Poeterei"

Zeitlich nach Opitz => Johann Rist: „Irenaomachia"

Von lyrikhistorischer Bedeutung sind Weckerlins „Oden und Gesänge" von 1618/19

Grimmelshausen „Simplicissimus": Verarbeitung 30 J. Krieg, Weiterverarbeitung des Textes durch Brecht. Einsicht in die Unbeständigkeit der Welt.

Francesco Petrarca 366 Gedichte seines „Canzoniere"

Andreas Gryphius bedeutendster Lyriker seiner Zeit. „Sonette" 1637; Er hat vier Trauerspiele geschrieben.

Daniel Casper von Lohnstein: sechs Trauerspiele.

Andreas Gryphius: „Leo Amenius"

Frühaufklärung

Autoren
Christian Wolf, Johann Christoph Gottsched, Johann Elias Schlegel, Christian Fürchtegott Gellert, Brockes

Charakteristika

Lyrik der Frühaufklärung ist durchgehend Lehrdichtung

Rationalismus

Sächsische Typenkomödie, Leipzig-zürischer Literaturstreit

Ein Erfolg zur Überwindung des Rationalismus ist mit dem Aufstieg des Romans verbunden. Die Erfolgsgeschichte der Gattung beginnt mit Johann Gottfried Schnabels: „Wunderlichen Fata einiger Seefahrer".

Rationalismus wird auch durch neue Naturauffassung verdrängt.

Robinsonale

1755 Erdbeben Lissabon

Werke

Bertold Heinrich Brockes: „Irdisches Vergnügen in Gott"

Johann Christoph Gottsched: „Der Biedermann", „Die Vernünftigen Tadlerinnen"

Er hat zur Verbürgerlichung der deutschen Literatur beigetragen

Leibniz „Theodizee"

Schnabels „Insel Felsenburg"

Christian Fürchtegott Gellert und Lessing machte Fabeln, die auf Gesellschaftskritik zielen. Noch mehr Erfolg hatte Gellert mit „Oden und Liedern".

Gellert führte eine neue Dramengattung aus Frankreich ein. Die „Comedie lamoyante".

Aufklärung

Autoren

Friedrich Gottlieb Kloppstock, Johann Gottfried Herder, Karl Phillip Moritz, Goethe, Schiller, Johann Georg Forster, Wieland, Kleist, Lessing

Charakteristika

Mitleid im Drama, Bürgerliche Trauerspiele

Hamburgische Dramaturgie

Weiterentwicklung des Dramas geschieht durch Sturm und Drang.

Werke

1. Bürgerliches Trauerspiel: „Miss Sara Sampson" von Lessing, „Emilia Galotti"; Familie spielte zentrale Rolle, Moral wird propagiert. Bürgerliches Trauerspiel spielt im privaten

Einen anderen Weg geht Lessing mit „Minna von Barnhelm". Dieses ist ein wichtiger Beitrag zur Entwicklung des deutschen Dramas.

Lessings Hauptinteresse ist Gestaltung des Charakters. Erregung von Frucht und Mitleid auf der Bühne. Es ist von Shakespeare inspiriert. Er bekämpfte klassisches Drama. Dieses wird zum aufklärerischen Drama

Lessing: „Nathan der Weise"

Sturm und Drang

Autoren
J.G. Herder, Schiller, Lenz, Wieland, Moritz, Forster, Goethe, Kant

Charakteristika
Thema des Sturm und Drang ist der Gegensatz zwischen nach Selbstverwirklichung drängendem Individuum und einer Gesellschaft und einer Gesellschaft die in rationalistischer Organisation erstarrt ist.

Die Aufklärung hat rationalistische und gesellschaftskritische Impulse

Der Sturm und Drang hat nur wenige Romane hervorgebracht

Aber viele Reiseberichte

Wieland => Romane wurden wichtig. Trat dem Sturm und Drang moderat entgegen. Erneuerer der Verserzählung.

Am Ende der Aufklärung steht Kant: Gebrauch des Verstandes an staatliche und gesellschaftliche Voraussetzungen gebunden.

Werke
1781 Schiller: „Räuber"

Goethe: „Leiden des jungen Werther", 1774

Gothe: „Sesenheimer Gedichte", „Lenz"

Erlebnislyrik: „Willkommen und Abschied"

Lenz: „Buchmeister", „die Soldaten".... Dient der Gesellschaftskritik

Die Romanentwicklung zerfällt seit den 1770er Jahren in verschiedene Gattungen. Eine vermittelnde Funktion zwischen einem Charakterroman „Agaton" und dem empfindsamen Roman nimmt Sophie von la Roche ein. 1771 erscheinen: „Geschichte des Fräuleins von Sternheim".

Karl Philipp Moritz: „Anton Reise". Ist Höhepunkt der aufklärerischen Romanentwicklung mit der Darstellung des Bildungsweges eines typischen Intellektuellen im 18 Jhd. Weiteres: „Magazin für Erfahrungsseelenkunde"

Johann Georg Forster: „Reise um die Welt"

Weimarer Klassik

Autoren

Christoph Martin Wieland, Johann Wolfgang von Goethe, Friedrich Schiller, Gottfried Herder, Jean-Paul, Kleist, Moritz. Jean Paul: nicht einordbar,

Charakteristika

Christoph Martin Wieland ist Kristallisationspunkt um den das Leben in Weimar zentriert wird.

In Weimar haben sich Goethe und Schiller zusammengetan.

Schiller formuliert jene Entfremdungstheorie, die in der deutschen Philosophietradition einen entscheidenden Einfluss hinterlassen wird. Von den Romantikern über Hegel bis zu Marx und im 20. Jhd. bis Adorno, ist Gedanke von zentraler Bedeutung, dass der Mensch der Natur, der Gesellschaft und schließlich sich selbst entfremdet sei.

Gegensatz Goethe, Schiller

Die Humanität zeigt Brüche

Weimarer Klassik ist auch die Wiederbelebung des Griechenideals, Antikenbegeisterung

Werke

„Der Geisterseher" von Schiller

Goethe: „Wilhelm Meisters Lehrjahre"

Goethe: „Wanderjahre"

Goethe: „Iphigenie auf Tauris"

Urfaust stammt aus 70ern. Ein erstes Fragment von 1790. Der vollständige erste Teil erschien 1808, der zweite Teil in Goethes Todesjahr 1832.

Weder die Aufklärung mit ihrer rationalistisch eingeschränkten Glücks- und Erkenntniskonzeption noch die genialistische Anthropologie des Sturm und Drang noch das Harmonieideal der Klassik werden im Faust akzeptiert

Goethe Roman: „Wilhem Meisters Lehrjahre,", „Werther"

Schiller: „Wellensteintriologie"

Schiller stirbt 1805, 1805 Ende Weimarer Klassik

Schillers Übergang von einer Sturm und Drang Phase zur klassischen Periode lässt sich an seinem Drama „Don Carlos Infant von Spanien" ablesen.

Karl Phillip Moritz: „Über die bildende Nachahmung des Schönen" 1788

Hermann und Dorothea => franz. Revolution

Wilhelm Tell

Romantik

Autoren
Friedrich Hölderlin, Novalis = Freiherr von Hanenburg, Heinrich von Kleist, Friedrich und August Wilhelm Schlegel, Joseph von Eichendorf, Jakob + Wilhelm Grimm, Günter Grass, Heinrich von Kleist

Charakterisierung
Entwicklungsstränge der Romantik: Frühromantik, Heidelberger Romantik.

Der Roman ist die Hauptgattung der Romantik

Kleist schafft eine künstlerische Form, die die Darstellung der Unordnung in Mensch und Welt intensiviert. Seine Texte sind subversive Gegenentwürfe gegen die seinerzeit dominierende klassizistisch-harmonische Kunstauffassung

Volksmärchen sind eng begleitet mit der Entstehung von Kunstmärchen.

Werke
Novalis war einer der bedeutendsten unter den romantischen Autoren besonders mit der Aphorismensammlung „Blütenstaubfragmente" von 1798.

Wie Schlegel schreibt auch Novalis Bildungsromane, dessen Handlung in das Mittelalter verlegt wird.

Berühmteste Heinrich von Kleist Erzählung: „Michael Kohlhaas". Mit Schilderung des Zerfalls einer Rechtsordnung, in der sich das Individuum behaupten muss.

Meistgelesener Roman der Epoche um 1800: Christian August Vulpius: „Rinaldo Rinaldini" 1799

Hölderlin: beide Bände des „Hyperion"

Heinrich Kleist: „Berliner Abendblätter" erste Zeitung!; „Pentesiliea", „Erdbeben in Chili"

Friedrich Schlegel: „Progressive Universalpoesie"

Goethe: „Faust"

Goethes letzter Roman: „Wilhelm Meister Wanderjahre." Gattung Universalroman.

Eichendorff: „Aus dem Leben eines Taugenichts" Dies verweist am Ende der romantischen Epoche auf jenes Syndrom der sozialen Entwurzelung, dem die romantische Generation ihre Eigenart verlangt.

Grimm: „Hausmärchen"

„Der blonde Eckbert" = Kunstmärchen; Die Nachtseite der Romantik. Über dunkle Seite der Psyche des Menschen und das äußere des Naturwerden (auch romantisches Denken). Man will die Natur in ihren inneren Zusammenhängen begreifen.

Biedermeierzeit

Autoren
Wilhelm + Alexander von Humbold, Albert von Chamisso, Anette von Droste Hulshoff, Georg Büchner, Grabbe, Hegel, Boerne, Heine

Charakteristika

Die Aufklärung geht um 1810 ebenso zu Ende wie die Klassik. Die Folgezeit ist die Biedermeierzeit, die sich noch mit der Romantik überschneidet.

Sie Umfasst Spätromantik, die konservative, biedermeierliche Dichtung mit den Ausläufern im Wiener Volkstheater.

Anette von Droste-Hülshoff: neben Möhrike wichtigste Representantin der Biedermeiezeit

Eigenarten des biedermeierlichen: In westfälischer Heimat verwurzelt, zeigen zugleich eine Neigung zum mystischen, das die Geborgenheit der Heimat gefährdet. Zerrissenheit, die weder formal noch inhaltlich noch ideologisch zur Versöhnung findet.

Alexander von Humbold: verbindet Ideen des Neuhumanismus und der romantischen Naturphilosophie mit Erfahrungswissenschaften.

Restaurationszeit: Alte Werte von Napoleon sollen zurückgebracht werden

Werke

Fichte: „Reden an deutsche Nation"

Lesedrama: „Die hundert Tage

Büchner: „Dantons Tod" 1835, „Der Lenz", „Woyzeck"

Vormärz

Autoren

Heinrich Heine, Adalbert Stifter, Georg Werth, Freiligrath, Herwegh

Börne vertritt radikalen Liberalismus aber nicht mehr einen der Aufklärung

Georg Weerth macht eher Lyrik

Werke

Börnes Briefe aus Paris.

Heinrich Heine: „Die Romantik" 1820. Seine erste Prosa-Publikation.

Heines größter Erfolg ist die Gedichtsammlung: „Das Buch der Lieder" 1827

Realismus

Autoren

Gustav Freytag, Gottfried Keller, Theodor Storm, Richard Wagner, Wilhelm Busch, Teodor Fontane, Wilhelm Raabe, Thomas Mann, Richard Wagner, Konrad Ferdinand Meyer, Friedrich Gerstäcker, Karl May

Charakteristika

Die großen realistischen Autoren sind sich einig darüber, dass die hässlichen Seiten der Wirklichkeit keinen Platz in der Literatur haben dürfen. Sie sollen nicht verschwinden aber durch Poetisierung transformiert werden.

Novellen waren typisch. Das Publikum verlangte diese kürzere und abwechslungsreichen Inhalte ebenso Personencharakterisierung und Stereotypisierung.

Aber es wurden auch Reise- und Abenteuerromane produziert.

Autoren

Marie von Ebner-Eschenbach „Dorf und Schlossgeschichten"

Gustav Freytag: „Soll und Haben" 1855

Gottfried Keller: „Grüner Heinrich" 1854/55 zweite Fassung 1879/1880

Keller: „Kleider machen Leute"

Theodor Storm: „Der Schimmelreiter" 1888; Erlebnislyrik. Konflikt Individuum und Gesellschaft

Willibald Alexis: „Ruhe ist die erste Bürgerpflicht" 1852. Roman.

Theodor Fontane: „Wanderung durch die Mark."

Gustav Freytag: „Bilder aus der deutschen Vergangenheit."

Reise- und Abenteuerromane:

Friedrich Gerstäcker: „Die Flußpiraten des Mississippi" 1848.

Karl May mit Reiseerzählungen und Romanzyklen über den Orient. „Durch die Wüste", „Harem".

Wilhelm Raabe: „Chronik der Sperlingsasse"

Theodor Fontane: „Effi Briest"

Fontanes Thema ist zeitgenössische Lebenswirklichkeit, Generalthema ist die Liebe und die bürgerliche Institution der Liebe.

Moderne

Autoren
Friedrich Nietzsche, Gerhard Hauptmann, Frank Wedekind, Arthur Schnitzler, Hugo von Hofmannsthal, Christian Morgenstern, Robert Musil

Charakteristika
Moderne als Kampfbegriff, verschiedenste Strömungen

Epochenwelle um 1900, sehr heterogene Strömungen, Naturalismus als Aufbruch in Moderne

Soziologie wichtig: Max Weber. Spezialisierung des Wissens, Vereinzelung des Menschen, Austauschware

Moderne als Krise: Sinnvakuum Feminismus etc. als Ausfüller.

Friedrich Nietzsche: Radikale Kulturkritik, Kulturverfall, keine individuelle Freiheit

Werke
Friedrich Nietzsche: „Menschliches", „Allzumenschliches", „Die fröhliche Wissenschaft", „Jenseits von Gut und Böse"; Kritik an christlich-abendlichen Wertevorstellungen.

Naturalismus

Autoren

Charles Darwin, Ernst Haecke, Gerhard Hauptmann, Arno Holz, Emile Zola

Charakteristika

Vor 1900, danach z.B. Ästhetizismus als Abgrenzung

Erfolg hat der Naturalismus mit seinen Dramen. Auch hier ist Hauptmann an erster Stelle zu nennen.

Alkohol ist eines der Lieblingsthemen des Naturalismus

Naturalismus ist eine kurzfristige Strömung

Glaube an Möglichkeit der Erneuerung der Gesellschaft

Realistisch, sozial, natürlich, modern

Wahrheit, Wirklichkeit, Empirie

Positivismus (was hat man, was kann man fassen)

Detailgetreu, real, genau wie möglich

Abkehr vom ästhetischen Kult eines einsam, prophetischen Dichter-Daseins

Berlin, Münchener Moderne, Wiener Moderne: „Zentren des Naturalismus"

Emile Zola: Mensch ist durch Umwelt geprägt

Arno Holz (Kunst = Natur – x)

Werke

Gerhard Hofmann: „Bartenwärther Thiel" (Novelisitik), Kontext des biologischen Determinismus, Darstellung unschöner Elemente, jedoch: Relikte des poetischen Realismus, symbolische Züge

Drama: Gerhard Hauptmann: „Vor Sonnenaufgang"

Studie sozialen Verfalls, Bauernfamilie wurde reich, Alkoholismus, Zustandsbeschreibung, Alltagssprache, Determiniertheit des Menschen, Ode aus der Fremde, Katalysatorfigur (Lot), Triebgebundenheit, Tragischer Konflikt => beschränkte Handlungsfähigkeit der Figuren

Europäischer Naturalismus: Emile Zola: „moralische Engagement", Henrik Ibsen: „Nora oder ein Puppenheim", Strindberg: „Konflikt der Geschlechter"

Impressionismus/Symbolismus: zielen auf artistische Schreibweise, anti-mimetisches Kunstverständnis (Gegenposition von Naturalismus) => indirekte Vermittlung

Fin de siecle: 1890-1910 nach und nach gegen- naturalistische Literatur

Die feindliche Schwester des Naturalismus ist die Heimatkunstbewegung

⇔ Eigentliche Überwindung des Naturalismus durch die Strömung der Dekadenz.

Wiener Moderne

Autoren
v. Hofmannsthal, Ernst Mach, Hermann Bahr, Artur Schnitzler, Thomas Mann, Rainer Maria Rilke, Robert Musil

Charakteristika
Sprachskepsis

Dekadenz-Literatur   Wien kulturelles Zentrum

Typisch Wiener Moderne: verhaltene Gewalt und mühsam gezähmte Sexualität. Die immer wieder misslingende Überführung in die zivilisatorische Ordnung.

Leben wird zur Kunst stilisiert

Fokussierung auf Innenleben der Menschen, Kaffeehäuser als Sammelpunkte (Zeitung lesen)

Werke
Ernst Mach: „Beiträge zur Analyse der Empfindungen", Verknüpfung von Psychologie und Philosophie, Radikaler Sensualismus => Auflösung des Ichs, Ich löst sich wegen Vielzahl von Sinneseindrücken und Empfindungen auf, Das Ich ist unrettbar

Siegmund Freud: „Erforschung des Seelenlebens", „Traumdeutung"

Literarische Umsezung => Artur Schnitzler: „Vorgänge im Inneren" Fräulein Else. Dialog + innerer Monolog, Schreiben bis zum Rand des Sagbaren

Arthur Schnitzler: „Anatol" 1893. Anatol repräsentiert einen Menschentypus, der ohne äußere und innere Bindungen nur im Augenblick und der aktuellen Situation lebt.

Hugo von Hofmannsthal: „Reitergeschichte". Typisch Wiener Moderne.

Robert Musil: „Verwirrungen des Zöglings Törleß" 1906. Greift Probleme der Moderne auf.

Sprachskepsis:

Hugo von Hofmannsthal: „Ein Brief"

Sprachliche Darstellung der Welt nicht mehr möglich. Sprache als Medium der Weltordnung hat versagt. „Die abstrakten Worte zerfließen mir im Mund wie modrige Pilze."

Thomas Mann: „Tonio Kröger". 1903. Erzählung. Hier kommt Mann zu seinen typischen Themen: spannungsreiches Verhältnis von Künstler und Bürger.

Rainer Maria Rilke: Gedicht „Der Panther". „Die Weise von Liebe und Tod des Cornets Christoph Rilke". Roman.

Ästhetizismus
Charakteristika, Werke
Stefan George: „Blätter für die Kunst"

Der Dichter als Seher und Prophet, George-Kreis

Thomas Mann:_„Die Buddenbrooks"

Vermengen von Naturalismus und Dekadenz, detailgetreue Milieuschilderung, deterministische Verfallsrhetorik, Überfeinerung der Nerven, Familien und Gesellschaftsroman

„Der Tod in Venedig" apellinisch-dionysisch

Futurismus
Charakteristika, Werke
Filippo Tomasso

1909: Filippo Tommaso: „Das futuristische Manifest"

Feier der neuen Zeit als Zeitalter der Technik, Geschwindigkeit etc.

Also empathische Zuwendung an moderne Realität

Dominante Kunstformen: Bildhauerei, Malerei, Dynamisierung in der Linienführung, kraftvolle Farbgestaltung, Bemühen Geschwindigkeit, Simultanität bildlich Auszudrücken

Expressionismus
Autoren
Carl Sternheim, Georg Trakl, Maler Cezanne, van Gogh, Jakob von Koddis, Georg Heym, Kurt Pinthius

Charakteristika
Avantgarde-Literatur, Lyrik

Typischer Charakterzug der expressionistischen Literatur ist die Antibürgerlichkeit

Expressionistische Lyrik: Leben in der Großstadt – Dämonisierung- Verehrung

Werke
Kurt Pinthius: „Menschheitsdämmerung"

Jakob von Koddis: „Weltende"

Georg Heym: „Der Gott der Stadt"; Kriegsbegeisterung, Krieg der den Kulturverfall der Gesellschaft reinigt

Deutsche expressionistische Zeitschrift: „Der Sturm"

Kriegsbeginn
Charakteristika und Werke
Kriegsenthusiasmus schlägt ins Gegenteil um („Die weißen Blätter"...)

Thomas Mann: „Gedanken im Kriege"

Sprache als Medium des Widerstandes

Dada

<u>Autoren</u>

Hugo Ball, Hans Arp, Emmy Hennings, Franz Kafka

<u>Charakteristika</u>

1916 in Zürich gegründet

Radikalisierung der Sprachskepsis

Revolutionärer Anspruch

Gesellschaftskritisch gegen Propaganda

Franz Kafka kann man in keine Epoche drängen

Generationenkonflikte

Gefährdung und Zersetzung des Subjekts

Bürokratie Angestelltentum

<u>Werke</u>

Kafka „Die Verwandlung":

Angestellter merkt, dass er ein Insekt ist, ist nicht verwundert, bleibt im Zimmer. Keiner weiß was mit ihm ist. Man unterstellt ihm etwas, Familie wird unabhängig.

Über Rolle und Funktion des Individualismus, Probleme der Verständigung und Kommunikation, Körper kommt herausragende Stellung zu.

Kriegsende

<u>Charakteristika</u>

Traumatisierung, Neuordnung Europas, Versaiiler Vertrag, Demokratie

Thomas Mann: „Betrachtungen eines unpolitischen"

> In Opposition zu seinem Bruder H. Mann („Der Untertan")

> Exemplarisch für Herausbildung politischer Lager

Konservative Ernst Jünger: „In Stahlgewittern" (1920), Verarbeitung der eigenen Kriegserlebnisse

Linkes Lager Heinrich Mann, Remarque: „Im Westen nichts neues" Kurt Tucholsky

Phänomen Massengesellschaft

<u>Autoren</u>

Sigmund Freud, Doblin

<u>Charakteristika</u>

Sigmund Freud: Massenpsychose und Ich-Analyse

Kaufhäuser, Kino etc.

Masse als Schreckbild

Individuum fällt in Barbarei zurück, eng verbunden mit Urbanisierung

<u>Werke</u>

Doblin: „Berlin Alexanderplatz"

Formexperimente, Montagetechnik

Zitate aus der Weltliteratur, antike Mythologie, Bibel

Intertextuelles Motivgewebe

Film: „Metropolis" Verhältnis Mensch und Maschine

Goldene 20er: Spaßgesellschaft

Weimarer Republik

<u>Autoren</u>

Mann, Tucholsky, von Hofmannsthal, Brecht, Kästner, Hesse, Musil, Walter Mehring, Anna Seghers, Egon Erwin Kirsch

<u>Charakterisierung</u>

Kurt Tucholsky: Einer der repräsentativsten Schriftsteller der Weimarer Republik.

Verbreitung der Massenmedien, Bedeutung von Zeitungen, andere Ansprüche an Literatur (neue Medien); 1932 Hyperinflation

Essays, Feuilletons

Reportage: Egon Erwin Kirsch

Das Schlüsselwort der Literatur in der Weimarer Republik heißt Wirklichkeitsnähe

Klassenkampfliteratur, kommunistische Abenteuerromane

Schriftsteller werden immer mehr geschmackorientierter

⇨ Entstehung von Buchgemeinschaften (billige Abonnements)

Kern der zeitgenössischen Essayistik stellen Texte dar, die auf aktuelle politische Situation Bezug nehmen.

1927: Einführung von Bestsellerlisten, 1929: erstmals Tag des Buches

Bedeutung von Kaufhäusern

Zirkel und Gemeinschaften:

1926: Dichter Akademie, keine politische Einflussnahme

1909: Schatzverband deutscher Schriftsteller (Döblin, Mann)

1927: „Nationalistische Gesellschaft für Literatur"

1926: Verband proletarisch-revolutionärer Schriftsteller

Anna Seghers: „Aufstand der Fischer von St. Barbara".

Strömung: Neue Sachlichkeit

Autoren

Bauhaus, Walter Grupius, Tucholsky, Berthold Brecht, Herman Hesse, Erich Kästner

Charakterisierung

Schnelle, leichte Konsumierbarkeit, Reduzierung von Rhetorik und Bildlichkeit,

Reportage und Protokoll gewinnen an Bedeutung

Dokumentenechte Wiedergabe von Wirklichkeit

Charakteristisch: Berlinromane. Die Großstadt und ihre Angestelltenkultur

Ironisierung der neuen Sachlichkeit bei Erich Kästner

Autoren

Erich Kästner: „Fabian"

Hermann Hesse: „Steppenwolf", „Zauberberg", „Berlin Alexanderplatz". Alle sind Romane.

Berthold Brecht: „Dreigroschenoper" 1928. Kritik am Bürgertum und der gutbürgerlichen Unterhaltung.

Tucholsky „Die Weltbühne" ist links-politisch. Kritik an Autoritätshörigkeit von Beamten.

Bauhaus

Charakterisierung und Autoren

Gründer: Walter Gropius,

Reduktion auf Funktion, Linienführung

Untergang der Weimarer Republik spiegelt sich in Österreichischen Autoren.

Robert Musil: „Mann ohne Eigenschaften".

Theater

Autoren

Max Reinhard, Erwin Piscator, Berthold Brecht

Charakterisierung

Verbindung Bühne => Publikum

Max Reinhard: Illusionstheater

Dynamisierter Inszenierungsprozess

Durchbrechen der 4. Wand => Publikum integriert

Jedermann Inszenierung von von Hofmannsthal

Allmähliche Abkehr vom Illusions- und Einfühlungstheater

Durch Brecht Weiterentwicklung der Öffnung der Bühne

Erwin Piscator:

Integration technischer Neuerungen im Theater

Aufhebung der Trennung von Publikum und Bühne

Berthold Brecht

Verfremdung, Kommentierung, Handlungsunterbrechung, episches Theater

Publikum ist integriert

1928: „Dreigroschenoper"

Vier Gruppen: Verbrecher, Polizisten, Bettler, Huren

Theatralisierung der Politik

Aufgehängte Sprachbänder, musikalische Untermauerung.

Trivialliteratur
Charakterisierung
Grimm

Literatur für einfacheres Publikum

Blut- und Bodenliteratur: heimatverbunden

z.B. „Volk ohne Raum" von Hans Grimm

Gedenken an völkisch nationalistische Propagandaliteratur

1933 Nationalsozialismus
Den Prinzipien des nationalsozialistischen Staates sind nachgefolgt: Thomas Mann, Alfred Döblin, Ricarda Huch, Gottfried Benn, Marinetti

Thingspiel => Massentheater, Mythos Volksgemeinschaft

Thingspiel von Gottfried Benn

Trivialliteratur

Hans Grimm: „Volk ohne Raum". 1926.

Ernst Weichert: nicht nat. Autor der in NS veröffentlichen konnte.

Exil

Autoren
Anna Seghers, Thomas Mann, Brecht, Wolfgang Koeppen

Wo?
Südfrankreich, Tschechoslowakei, dort schwierig zu verkaufen

Werke
Berthold Brecht: Lyriker, der im Exil veröffentlichen konnte. „Svendborger Gedichte", „Der Schneider von Ulm", „Das Leben des Galilei", „Herr Puntila und sein Knecht Matti"

Roman des Exils, Anna Seghers: „Das siebte Kreuz"

Wolfgang Koeppen: „Tauben im Gras"

Nachkriegszeit

Autoren
Gruppe 47 (Groll, Schrider, Borchard), Heinrich Böll, Gunter Erch, Max Frisch, Alfred Andersch, Dürrenmatt, Heinrich Böll, Günter Grass, Hans Werner Richter

Charakteristika
Frühe Nachkriegsjahre: Autoren verzichten auf eine realitätsnahe Schilderung des dritten Reiches.

Nonkonformismus als Ziel

Stunde 0 Verdrängung und Verleugnung

Werke
Thomas Mann 1947: „Doktor Faustus"

3 Erklärungsmuster: 1. Führerfigur, 2. Nationalcharakter, 3. Gewaltausübung

Hermann Hesse: „Glasperlenspiel"

Heinrich Böll: „Gruppenbild mit Dame". Wird politisch-literarisch exponierte Leitfigur. Geschichtspanorama.

Grass: „Blechtrommel"

Gruppe 47

Charakteristika und Autoren
1946 von Alfred Andersch und Werner Richter gegründet

Abwendung von Ideologie + Politik, kritisieren eigene Texte

Ist ein unregelmäßiges Treffen von Kritikern und Schriftstellern.

1967 löste sich die Gruppe auf

Trümmerliteratur

Charakteristika und Autoren

Diese Literatur gibt Wirklichkeit (den Krieg) realistisch wieder

Wendet sich dem alltäglichen und kleinen zu. Möglichst durch Sachlichkeit Distanz zur NS-Propaganda schaffen

Günter Eich: „Inventur"

Heinrich Böll 1952: „Bekenntnis zur Trümmerliteratur"

Josef Martin Bauer: „So weit die Füße tragen." Er verbindet Kriegsbericht und Abenteuerroman.

Nonkonformismus

Charakteristika und Autoren

Wolfgang Koeppen, Heinrich Böll, Günter Grass

Soziales Gewissen und Art kollektiver Erinnerung

Wolfgang Koeppen 1951: „Tauben im Gras"

Heinrich Böll: „Billiard um halb zehn", Schilderung des Einflusses der Geschichte auf das Individuum, moralische Position

Günter Grass 1959; „Die Blechtrommel"

1958 Preis der Gruppe 47

Verbindung Milieaurealismus mit Groteske

In Tradition von Schelmenroman („Simplizissimus")

Aus Kindersicht geschrieben

Dramatik der 50er

Autoren

Friedrich Dürrenmatt, Max Frisch, Brecht, Jacob

Werke und Charakteristika

Historisches Interesse der fünfziger Jahre findet in der bundesrepublikanischen Gesellschaft seinen eigenen Ausdruck im Sachbuch.

Zweifel an der Darstellbarkeit der Welt auf dem Theater

Heinrich Eduard Jacob: „Sage und Siegeszug des Kaffees".

Friedrich Dürrenmatt: Vertritt im geg. Zu Brecht die Meinung, dass Realität von Machtstrukturen von Bürokratie geprägt ist und das einzige Mittel die Groteske ist

Brecht geht davon aus, dass Mensch veränderbar ist

Friedrich Dürrenmatt: „Besuch der alten Dame" zeigt die geringe Tragfähigkeit moralischer Prinzipien. Dürrenmatt hat sich erklärtermaßen der Groteske verschrieben, aus der Einsicht heraus, dass die gegenwärtige Wirklichkeit durch realistische Abbildung nicht ertragbar ist.

Max Frisch: „Biedermann und die Brandstifter", „Stiller", „Homo Faber". Wenden sich den Befindlichkeiten der Gegenwart zu. Beide letzten handeln von der Erkenntnis, die Welt nicht mehr beherrschen zu können.

Max Frisch: „Andorra". Andorra als Lehrstück gedacht, das zeigen soll, wie das Bild vom Menschen und die Vorurteile über ihn seine Existenz beherrschen, bis er schließlich selbst daran glaubt

Entwicklung Ost-West
Charakteristika
Westen: offensive Werbung für amerikanische Literatur

Osten: Anknüpfen an das klassische Erbe Lessing, Goethe, Heine; Repressive Regierung, gegen Andersdenkende

DDR 50er
Charakteristika
Thema Konzentrationslager:

Alfred Andersch: „Die Kirschen der Freiheit"

Alfred Andersch: „Sansibar oder der letzte Grund" 1957. Innerer und äußerer Mechanismus der Unterdrückung am Beispiel des Schicksals von sechs Figuren, die aus untersch. Gründen aus Deutschland vertrieben wurden.

Die 60er
1961: Ausschwitz und NS-Verbrechen- Prozesse

1963: Ende Adenauer

1966-1969: Große Koalition große Mehrheit, Außerparlament. Opposition befürchtete Aushebung der Demokratie

2. Juni 1967: Scheich von Persien in deutschen Medien keine Kritik an Menschenrechtsverletzungen

Die 68er Bewegung
Globales Phänomen, Kommunistische Revolutionen, Kritik an Kapitalismus, hauptsächlich von Studenten, Frauenbewegung

Väterliteratur
Peter Henisch, Christoph Meckel

Aufarbeitung der Nachkriegskinder mit Eltern im Krieg

Peter Henisch: „Die kleine Figur meines Vaters"

Christoph Meckel: Sachbild. Über meinen Vater."

Frauenliteratur
Elfride Jelinek, Christa Wolf

Zeitschrift „Emma". Suche nach Weiblichkeit des Schreibens

Rolle der Frau im männlich dominanten Umfeld

Elfriede Jelinek: „Die Klavierspielerin"

Die RAF
Heinrich Böll, Andreas Baader, Ulrike Meinhof; 1. Generation

Ab Mitte 70er 2. Generation

„Deutscher Herbst" Entführung /Ermordung Schleyer

Radikalenerlass: linke Extreme aus öffentlichen Ämtern fernhalten

Heinrich Böll: „Die verlorene Ehre der Katharina Blum"

68 in DDR
Ulrich Plenzdorf, Wolf Biermann, Jurek Becker

Prager Frühling

Scharfe Abrechnung mit der Erziehungs- und Jugendpolitik der DDR

Ulrich Plenzdorf: „Die neuen Leiden des jungen W." => Umkehrung der Väterliteratur, denn Vater forscht

Wolf Biermanns Lieder suchen den Bruch mit der Tradition und wollen eine äußerst kritische Beziehung mit der sozialistischen Gesellschaft praktizieren.

Das Aufkündigen der Solidarität der Intellektuellen mit ihrem Staat war eine der ersten Keimzellen für den Niedergang der DDR und ihre Selbstauflösung ein gutes Jahrzehnt später.

Jurek Becker: „Jakob der Lügner"

Theater in der DDR
Heiner Müller: „Die Hamletmaschine"

⇨ Dekonstruieren, Publikum Fassaden vor Augen führen

Nach 68er...

Autoren
Christa Wolf, Thomas Bernhard, Peter Schneider, Gudrun Pausewang, Patrick Süßkind

Werke
Christa Wolf: „Nachdenken über Christa T.". Das Thema sind die absoluten Ansprüche des Individuums an sich selbst und an die Gesellschaft

Christa Wolf: „Kindheitsmuster". Eine Reise der Erzählerin, in ihre jetzt polnische Heimatstadt wird zum Anlass von Rückerinnerungen an jene Kindheitsmuster, die das ganze weitere Leben bestimmen werden.

Arno Schmidt: „Zettels Traum". Tendenz zur Entpolitisierung Deutschlands wird deutlich.

Text als Abgesang auf die Literatur- und Politikaufassungen der Studentenbewegung ist Peter Schneiders: „Lenz" 1973. Hauptfigur macht die Erfahrung, dass sich da Leben in der Praxis abspielt.

Berliner Republik

Autoren
Christa Wolf, Ingo Schulze, Günter Grass, W G Sebald, Daniel Ehlmann, Hape Kerkeling, JK Rowling, Tanja Dückers, Durs Grünbein, Guney Dal, Rafik Schamir, Werner Fritsch, Martin Mosebach, Christoph Schlingensief

Charakterisierung
Die Thematisierung des dritten Reiches bleibt in der Literatur dieser Jahre immer auch die Thematisierung der eigenen Biographie und Generationsproblematik

In Debatten nach der Wiedervereinigung standen Schriftsteller stärker als die damaligen DDR-Politiker im Brennpunkt der Kritik. An sie wurden hohe moralische Ansprüche gestellt.

Seit den 80ern ist die Blüte des Kriminalromans

Literaturentwicklung im ausgehenden 20 Jhd. ist geprägt von langsamer Aufweichung der Gattungs- und traditionellen Stil- und Niveaugrenzen. Es ist Postmoderne.

Werke
Alfred Andersch: „Vater eines Mörders"

Christa Wolf: „Was bleibt" Beschreibung ihrer eigenen Bespitzelung durch die Stasi

Gegenpol zu C.W.: Wolfgang Hilbig: „Abwesenheit" 1979

Günter Grass: „Ein weites Feld" 1995

Uwe Tellkamp: „Der Turm" 2008

Anti Atomkraft-Diskussion:

Christa Wolf: „Störfall"

Gudrun Pausewang: „Die Kinder von Schwebenborn", „Die Wolke" Folgen von Atomkatastrophen für die Lebenswirklichkeit greifbar machen

Patrick Süßkind 1985: „Das Parfüm" Spiel mit verschiedenen Gattungstypen

Erinnerungsliteratur auf das dritte Reich:

Günter Grass: „Im Krebsgang" Flüchtlingsschiff im zweiten Weltkrieg

Martin Walser: „Ein springender Brunnen"

W.G. Sebald: „Luftkrieg", „Literatur"

Tanja Dückers: „Himmelskörper" 2003 Familiengeschichte vor Hintergrund des dritten Reiches

Schwerpunkt deutsch-türkische Literatur:

Güney Dal: „Wenn Ali die Glocken Leuten hört"

Migrantenliteratur geprägt von Erfahrungen der Arbeitswelt

Emine Sevgi Özdamar: „Das Leben ist eine Karawanserei" 1992. Versuch den Lesern türkische Kultur beizubringen.

Freidun Zaimoglu: Textsammlung „Kanak Sprak- 24 Misstöne vom Rande der Gesellschaft." Sarkastische Abgrenzung von Gastarbeiterliteratur. Es wird kritisiert das Türken ihre eigenen kulturellen Identitäten entwickeln

Mechanismen der Medienwelt

Zufällige Auslöser verstärken eine mediale Echowirkung. Hape Kerkeling: „Ich bin dann mal weg" Weg vom eigenen Ich, aber auch Flüchtigkeit des eigenen Lebens.

1998: J.K. Rowling: Harry Potter

In zunehmendem Maße wird der deutsche Markt von solchen internationalen Bestsellern beherrscht. Zum größten Teil werden sie mit Maklern und Literaturagenten vermarktet.

Der Bestsellermarkt ist auf permanente Umwälzung angelegt. Eine Neuerscheinung bleibt im Durchschnitt sechs Wochen lang in den Buchhandlungen.

Georg-Büchner Preis ist der renommierteste Literaturpreis.

Neue Generation: elektronische Medien, Migration, etc.

Christoph Schlingensief bündelt verschiedene Avantgarden in der langen Tradition der europ. Theatermoderne. Durch Provokation mit moralisch-politischem Anspruch.

Büchner Preis 2007: Maritn Mosebach

Ulrich Peltzer: „Teil der Lösung". Es geht ihm um das Einfangen von anonymen Mächten beherrschten Lebenswirklichkeit.

Quelle

Brenner, J. Peter (2011): Neue deutsche Literaturgeschichte. Vom „Ackermann" zu Günter Grass. 3., überarbeitete und erweiterte Auflage. Berlin/New York.